Comprender y sanar a tu Niño Interior

Cómo reconocer los conflictos no resueltos dentro de ti, entrar en contacto con tu niño interior, fortalecerlo y sanarlo para que florezca por fin con plena vitalidad.

Julia Wiederspohn

CONTENIDO

Qué puedes esperar de este libro

¿Se dice que eres perfeccionista? ¿Eres extremadamente adicto a la armonía, reaccionas ante ciertos conflictos en tu relación de pareja con frialdad o con rabia ciega? ¿A menudo quieres complacer a los demás hasta sentirte agotado, incluso hasta el punto de abandonarte a ti mismo? ¿Hay situaciones similares en las que reaccionas emocionalmente de forma inusual?

Todo ello podría ser indicio de que has sufrido cicatrices en tu infancia que aún esperan ser curadas. Me gustaría invitarte a un viaje en el tiempo. Un viaje a tu pasado. "Regreso al futuro" sería un lema adecuado para este viaje, porque lo que has vivido en tu más tierna infancia influye directamente en tu comportamiento en el presente.

Aprenderás en qué consiste el modelo del niño interior y obtendrás conocimientos que te permitirán rastrear tus pautas de comportamiento individuales que se originan como reacción a experiencias de la primera infancia y cambiarlas conscientemente. ¿Eres una de esas personas que siguen atrayendo a su vida los mismos conflictos, personas o situaciones? Ahora tienes la oportunidad activa de reconocer y detener estos ciclos negativos.

Aprenderás mucho sobre ti mismo en este viaje, comprenderás mejor tus propias emociones y te revelará cuál es el verdadero mensaje que se esconde tras tus pautas de comportamiento. Date cuenta de que cada uno de nosotros tiene un niño interior, por lo que conocer esta parte de la psique de cada persona te proporcionará una comprensión más profunda de ti mismo y de los demás, y mejorará tus relaciones interpersonales. El niño que todos llevamos dentro quiere hacerse notar. Como un niño pequeño, tirará de ti y se quejará hasta que le prestes atención y satisfagas sus necesidades. Entonces —en todos los ámbitos de la vida— puede llegar la paz.

¡El factor diversión en este viaje tan personal para ti no se descuidará en absoluto! También aprenderás a integrar en la vida cotidiana los sentimientos positivos que sentías de niño. ¿Cuándo fue la última vez que te sentiste despreocupado y entusiasmado por algo? Aprende a volver a ver las cosas con los ojos de un niño, llenos de entusiasmo y curiosidad.

Puedes esperar una selección de métodos para entrar en contacto con tu niño interior y numerosos ejemplos prácticos de cuándo y por qué sale tu niño interior, aunque ni siquiera seas consciente de ello. Al abrazar al niño que llevas dentro, puede abrirse una perspectiva totalmente nueva de tu vida; luchar por los ideales que de otro modo son importantes para ti, de repente dejará de ser apropiado y podrá sustituirse por otra cosa, algo más sano. Tus relaciones mejorarán y en el futuro podrás llevar una vida más sana gracias al aumento de tu amor propio y aceptación. En el futuro, tu pareja o tu compañero de trabajo se sorprenderán al ver que reaccionas con calma en situaciones en las que antes te desbocabas rápidamente.

Los ejercicios que aprenderás en este libro puedes hacerlos solo o con tu pareja o un buen amigo. Aprenderás de un modo lúdico que un niño está activo en cada uno de nosotros y llegarás a conocerte a ti mismo o al otro de un modo que refuerza el vínculo íntimo entre ambos.

Al final del viaje, puedes sentirte bien preparado para la próxima pequeña o gran crisis de la vida cotidiana, porque las situaciones que solían desgastarte emocionalmente pueden evitarse con facilidad. ¿Estás preparado?

El modelo del niño interior

IMPRONTA EN LA PRIMERA INFANCIA Y ENFOQUES TERAPÉUTICOS

En las primeras semanas de vida, el bebé todavía se percibe a sí mismo como una unidad perfecta con la madre; a partir del tercer mes, comienza el apasionante proceso de aprendizaje de la vida. Al principio, las experiencias asocian su comportamiento con un efecto especial, como llorar con la ingesta de comida o alcanzar un objeto con el ofrecimiento del mismo. Las reacciones de la madre se perciben como un espejo y la percepción del propio cuerpo se desarrolla lentamente. Al comienzo del segundo año de vida, el niño pequeño desarrolla una voluntad propia y experimenta por primera vez límites, que acaban en lágrimas y decepción cuando estos se fijan. Al final del segundo año de vida, reconocemos nuestro reflejo en el espejo como nuestro propio "yo". Aquí inicia nuestra independencia. A partir del tercer año de vida, el niño establece una conexión entre causa y efecto, pero ve la causa de un elogio, una reprimenda, una prohibición o un regaño en sí mismo.

Inocentes y completamente en manos de los padres, los bebés solo tenemos estas necesidades básicas: nutrición, salud, sueño, seguridad, amor, aceptación y seguridad. Es en los primeros años de vida, entre los 0 y los 6, cuando las experiencias positivas y negativas se almacenan inconscientemente para el futuro, en nuestro disco duro. Aquí es donde se sientan las bases de nuestras posteriores capacidades de desarrollo y aprendizaje, que pueden equipararse a las posteriores habilidades sociales de todo ser humano.

Las experiencias dolorosas de la primera infancia han desencadenado en el niño pequeño miedos o resistencia a nuevas experiencias, y ha aprendido mecanismos de protección y defensa para afrontarlas. Además, como niños pequeños, hemos aprendido cómo comportarnos para evitar estas situaciones. En el proceso, puede que se haya suprimido nuestra percepción o que hayamos desconfiado de nuestros sentimientos, los hayamos negado o considerado erróneos y hayamos fingido.

Todo niño tiene el deseo de ser querido por sus padres, y si en el curso de su desarrollo personal experimenta repetidamente rechazo, castigo o frialdad por parte de sus cuidadores, esa necesidad se suprime lentamente. Se trata de una función protectora inconsciente del cerebro, según el investigador cerebral Gerald Hüther. El neurólogo explica que este mecanismo, llamado "coherencia", es esencial para que el cerebro, e inevitablemente toda la persona, utilice la menor cantidad de energía. Este estado se alcanza cuando todos los procesos neurológicos y biológicos encajan de forma óptima. Si surge un conflicto entre la necesidad de reconocimiento del niño y el rechazo de los padres, la coherencia se altera y este estado se vuelve rápidamente incómodo porque las células nerviosas del cerebro empiezan a dispararse de forma descoordinada. Esto nos provoca malestar y buscamos una solución. Cuando se encuentra la solución, la química cerebral vuelve a ser más coherente y nos sentimos mejor. Por esta razón, el niño pequeño renuncia voluntariamente a sus necesidades. Según Gerald Hüther, hay entonces otra circunstancia que recompensa involuntariamente esta función neurológica: la alabanza de los padres porque el niño es bueno.

Continúa diciendo que son precisamente estos procesos neurológicos los que garantizan que encajemos bien en la familia y en la sociedad. Concluye que, por ejemplo, un buen título escolar no es necesariamente un indicador de inteligencia y diligencia, sino de una buena adaptabilidad. Cuanto más se implica el cerebro en suprimir necesidades y rasgos de personalidad, más adaptable es una persona.

El investigador está convencido de que nunca se es realmente feliz en este estado, porque las necesidades siempre acuciantes se alejan con un gran gasto de energía en el cerebro. Los afectados siempre siguen adaptándose a las circunstancias externas de la vida, encajan en todas partes y no tienen desarrollo individual. Han perdido cualidades importantes como la alegría de vivir, la espontaneidad y la pasión. La buena noticia es que el cerebro se puede reconstruir a lo largo de la vida y nunca es demasiado tarde para liberarse de los patrones aprendidos de comportamiento y sentimientos. Para ello, es necesario volver a entrar en contacto con nuestras necesidades y partes de la personalidad. La investigación cerebral conoce esta capacidad como "neuroplasticidad".

En psicoterapia, desde los años 90, el niño interior se considera un modelo de las experiencias individuales de la infancia, es decir, un conjunto de sentimientos, recuerdos y experiencias. Sentimientos como la alegría, el dolor, la felicidad, la tristeza, la intuición, la curiosidad, el abandono, la soledad, el miedo y la ira son experimentados por el niño pequeño, pero debido a la autorreflexión aún ausente de una conciencia adulta, más tarde se transforman en pautas de creencia y de vida disfuncionales e insanas.

En distintos enfoques psicoterapéuticos, el trabajo con el niño interior se utiliza para curar heridas psicológicas y traumas de la infancia, para encontrar más amor propio, confianza en uno mismo y una forma general más sana de tratar con uno mismo. Se adopta conscientemente una perspectiva bipartita, la de la conciencia observadora, adulta y reflejada, y la del pequeño niño interior que experimenta. De este modo, se pueden establecer conexiones sacando la conexión causal del estado inconsciente a la consciencia, comprendiéndola y aceptándola, iluminándola y sanándola.

La integración de experiencias pasadas negativas y la disolución de pautas de comportamiento estresantes no es en absoluto algo nuevo. Como parte integrante del trabajo psicoterapéutico, en círculos alternativos de sanación espiritual para la resolución de bloqueos o seminarios de desarrollo personal y *coaching*, este principio tiene muchos hermanos, por ejemplo, la integración del "ego en la sombra", las constelaciones familiares según Bert Hellinger, la oración hawaiana del perdón Ho'Opoono, la PNL, etc.

En principio, siempre se trata de dejar ir el dolor del pasado y sanar los sentimientos asociados a él. El concepto del niño interior no solo está llamando la atención en el mundo occidental a través de muchas guías y seminarios, sino que también es parte integrante de una vida más feliz en el budismo, por ejemplo.

¿CÓMO RECONOZCO SI ARRASTRO CONFLICTOS NO RESUELTOS DE LA INFANCIA?

Puedo tranquilizarte. Ninguna infancia es perfecta, escribe Stefanie Stahl en su *bestseller* "El niño que hay en ti debe encontrar su hogar". Ni existen los padres perfectos ni la infancia perfecta. Así que, de momento, debemos estar tranquilos a la hora de trabajar con el niño interior, porque todos hemos experimentado conflictos. Sin embargo, hay algunos indicios que sugieren que se han manifestado comportamientos insanos debido a la experiencia de la primera infancia:

1. Compulsión por controlar.

2. Falta de empatía y compasión hacia la otra persona, frialdad en la relación de pareja, "evasivas" o "cerrarse en banda" en los conflictos.

3. Problemas para tratar con figuras de autoridad.

4. Fuerte rebelión contra las reglas de juego impuestas por la sociedad, la familia o la pareja.

5. Adicción a la armonía (por ejemplo, autoabandono, agotamiento, depresión, burn-out).

6. Miedo a la pérdida (por ejemplo, crear dependencias y permanecer en relaciones insanas, sumisión).

7. Asumir un papel de víctima (por ejemplo, refunfuñar, regañar, quejarse).

8. Falta de voluntad de compromiso (por ejemplo, "ser siempre la mosca cojonera", ser un aguafiestas).

9. Perfeccionismo (por ejemplo, falta de autoconciencia de los propios límites, gasto físico y mental, aumento de la disciplina, en el deporte, la alimentación, en el trabajo, dureza consigo mismo).

10. Falta de amor propio (por ejemplo, rechazo del propio cuerpo, manía por la belleza).

11. Comportamiento adictivo (alcohol, drogas, etc.).

12. Fuertes cambios de humor, arrebatos emocionales inapropiados.

13. Falta de confianza en uno mismo y en los demás (por ejemplo, celos, control, sentimiento de inferioridad).

14. Excesivo egocentrismo (por ejemplo, fuerte deseo de ver siempre satisfechas las propias necesidades, si es necesario, creando siempre nuevas enfermedades o mentiras).

El grado de estrés y si va acompañado de sufrimiento varía mucho de una persona a otra. Puesto que todos nos esforzamos por conseguir más serenidad, relajación y salud, deberíamos fijarnos más, porque el estrés y los conflictos provocan efectos secundarios indeseables a largo plazo.

Incluso los sentimientos en situaciones cotidianas que parecen sutiles a primera vista merecen ser examinados: por ejemplo, si estás enfadado con tu jefe todo el fin de semana porque el viernes te envió un pedido media hora antes de la hora de cierre, no puedes disfrutar de tu tiempo libre y el lunes vas a la oficina de mal humor. O llevas tiempo esperando con ilusión una salida o un acontecimiento planeado y el mismo día no te sientes de humor, tal vez tengas síntomas psicosomáticos de enfermedad, como dolor de espalda o de cabeza. Una discusión con tu pareja se intensifica, el supuesto mosquito se convierte en un elefante. Un desconocido en la calle te critica por una nimiedad y en tu interior arde la ira y se cierne sobre ti durante mucho tiempo.

NIÑO SOMBRA Y NIÑO SOL

La parte infantil de nuestra personalidad se ve básicamente en dos partes en el trabajo terapéutico. El niño que hay en nosotros, que fue amado, aceptado y acogido por los padres, suele denominarse "niño sol" o también "niño feliz". Todas las experiencias positivas y los sentimientos vividos se asignan al "niño sol" y se expresan especialmente a través de rasgos de personalidad como la alegría, la espontaneidad, la apertura, la curiosidad, el entusiasmo, el sentido de la responsabilidad, el humor, la empatía.

A diferencia del "Niño Sol", el "Niño Sombra" ha experimentado rechazo, ha sido ignorado, tratado con severidad, ha sentido falta de amor o ha sido abandonado. Los sentimientos y experiencias negativos se asignan al "niño sombra" o al "niño infeliz". Aparecen como ejemplos rasgos de personalidad como la tristeza, la frustración, la ira, la envidia, los celos, la vergüenza, etc.

La distinción simbólica entre el niño feliz, despreocupado y amante de la diversión y el niño triste, solitario y rechazado sirve para simplificar y asignar creencias negativas y positivas, y puede utilizarse independientemente para el trabajo personal con el niño interior.

Es importante que interiorices que tu mente subconsciente se esfuerza a lo largo de tu vida por revivir las experiencias dolorosas y negativas que no fueron procesadas cuando eras niño y que han dejado una marca permanente en ti. Estas situaciones, problemas, circunstancias y personas con las correspondientes características "coincidentes" se te presentan e invitan inconscientemente a tu vida hasta que encuentras una (re)solución. No lo haces conscientemente para seguir experimentando esos sentimientos negativos o para lamerte las heridas, sino para encontrar una cura, un final feliz. Tu niño interior te muestra un camino de curación, de resolución de conflictos, que a menudo conduce a través del dolor. Pero también te ayuda a darte cuenta de que ha llegado el momento de poner fin a los ciclos insanos.

Ejemplos prácticos

EL NIÑO INTERIOR EN LA ASOCIACIÓN

La pareja que elegimos depende de varios factores, pero el niño interior suele ser la fuerza impulsora, el motor en la elección de una pareja para toda la vida, pero también de amigos o amantes. El niño interior busca y encuentra a sus padres en la pareja, coinciden los terapeutas de pareja. Lo que se nos negó de niños, lo que no recibimos entonces, la parte inconsciente que hay en nosotros espera conseguirlo ahora. Por tanto, no es sorprendente que a menudo nos sintamos atraídos por personas que se parecen a nuestro padre o a nuestra madre.

Puede tratarse de características tanto externas como internas. Sin embargo, también existe exactamente lo contrario: si el comportamiento de los padres era fuertemente rechazado, entonces buscamos exactamente a la persona que encarna exactamente lo contrario de los padres. Puede ocurrir que, tras la primera fase de enamoramiento, nos demos cuenta de que la pareja se está convirtiendo en un padre en cuanto a comportamiento, y la decepción es comprensiblemente grande.

¿Cómo reconozco que el niño interior interviene en la elección de la pareja?

- Siempre acabamos con parejas que son igual de infieles, emocionalmente hipotérmicas, irascibles, celosas, controladoras, etc. (como lo fue uno de nuestros padres).
- Experimentamos el matrimonio de nuestros padres de forma vicaria en nuestro matrimonio o relación. La pareja adopta la posición de un progenitor en su comportamiento y nosotros nos transformamos automáticamente en el otro

progenitor ("Sin embargo, nunca quise ser como mi madre.../mi padre...").

• Asumimos la responsabilidad en una relación de pareja y, en realidad, anhelamos un hombro fuerte, queremos soltarnos y experimentar apoyo (esto puede sonarte familiar si de niño te dejaron a tu aire demasiado pronto o estabas a cargo de tus hermanos).

• Se elige una pareja que nos colma de atenciones y cuidados, tal vez nos controle, manipule o intimide (como hicieron el padre o la madre).

• La pareja nos rechaza, nos ignora, nos deja solos, no permite la cercanía (por ejemplo, si la madre nos dejó solos física o emocionalmente demasiado pronto o el padre nos castigó con la ignorancia cuando nos portamos mal).

• Nunca somos lo primero para la pareja (sobre todo, suele ocurrir con los hermanos, cuando los padres prestaban más atención al hermano).

Cuando nos enamoramos de otra persona, se produce una curación integral del niño interior por ambas partes, porque te sientes completamente aceptado por la otra persona, experimentas amor incondicional y seguridad y el niño (sol) que hay en ti experimenta los sentimientos reprimidos de un niño intacto y feliz. Cuando estamos enamorados, podemos arrancar árboles, nada nos perturba, sentimos felicidad, alegría de vivir, espontaneidad, de repente lo vemos todo con gafas de color de rosa, el cielo está lleno de violines. Estamos completamente conectados con nosotros mismos. Vemos a la persona de nuestro corazón como perfecta y completa, porque nosotros también somos completos y perfectos dentro de nosotros mismos en esta fase.

Cuando estamos enamorados, nuestro cerebro libera más sustancias mensajeras que nos hacen felices, porque influyen directamente en la percepción de los sentimientos y estimulan las zonas afectadas del cerebro. Es interesante observar que estas zonas también pertenecen al sistema de recompensa de la estructura neurológica.

La fase de enamoramiento no se compara por nada con una intoxicación, porque en sentido estricto estamos bajo la influencia de la droga llamada dopamina. Para que el organismo se adapte a esta situación excepcional, se produce la hormona del estrés, la adrenalina, y otras sustancias mensajeras. Este cóctel de compuestos químicos nos hace experimentar una fase de enamoramiento de entre dos semanas y dos años. En sentido estricto, enamorarse significa someter a tu cuerpo a una situación de estrés permanente. Este estado consume muchos recursos energéticos y físicos, por lo que no puede mantenerse a largo plazo.

Llega un momento en que el cerebro reduce la liberación de estos neurotransmisores y, de forma lenta pero segura, corta nuestro suministro. Se trata de un mecanismo de protección para devolver el equilibrio a nuestro sistema biológico. Ahora es el momento de estabilizar el vínculo con tu pareja. Surgen los primeros conflictos, se producen decepciones y con ellas de nuevo heridas emocionales, que son similares a las que estuvimos expuestos en la infancia.

Situación: Sabine llega a casa del trabajo, está disgustada y enfadada con su jefe e, impulsivamente, le cuenta su experiencia a su novio, Arno, en voz alta y elevada y da rienda suelta a su ira. Cuanto más alto habla Sabine hasta enfurecerse, menos reacciona Arno. Cuando él no reacciona, ella le pregunta indignada: "¿Me estás escuchando?", a lo que él responde: "Por supuesto, llevas veinte minutos hablando de la misma cosa". Sabine se desata y acusa a su novio de no estar interesado en ella y de preocuparse solo de sí mismo en todo momento. Cada vez habla más alto y Arno se levanta sin contemplaciones y se mete en el garaje para escapar de la situación. Sabine se horroriza, corre tras él y le muerde la pantorrilla como un terrier, provocándole —cada vez más alto— para conseguir una reacción. Arno no reacciona en absoluto hasta que explota o abandona la casa por completo.

Aquí no son dos adultos los que discuten entre sí, sino Sabine, de cinco años, y Arno, de seis. Sabine era ignorada a menudo por su madre o simplemente se hacía caso omiso de sus necesidades y sentía que no la tomaban en serio como niña. El padre de Arno era colérico y a menudo gritaba y chillaba, Arno aprendió a escapar de esta situación, que le resultaba insoportable, solo huyendo. De niño, veía en sí mismo la causa de la ira de su padre.

Situación: Ute está enfadada porque su marido, Kurt, tiene la costumbre de dejarse a menudo los calcetines por ahí tirados y explota cuando él llega a casa después del trabajo y ya se está quitando la ropa en el pasillo. Ute le pregunta si solo es su criada y que siempre está limpiando lo que él ensucia y no es su madre. Kurt está cansado y fatigado y se encuentra con su mujer "regañona" y pronto no se detiene ante los calcetines o la ropa de trabajo en el suelo. Kurt le reprocha a Ute lo largo que se le ha hecho el día y que ella quiere hacer de su final un infierno y que, de todas formas, él no puede hacer nada bien para ella. De nuevo, esto es realmente un conflicto entre la pequeña Ute y el pequeño Kurt. A Ute la regañaban y castigaban a menudo cuando era desordenada. Sus padres daban mucha importancia a la limpieza y el orden y solo la elogiaban cuando hacía las tareas domésticas que se esperaban de ella. De niño, el pequeño Kurt era criticado a menudo por su madre, que no hablaba bien de él. Se le negaban el reconocimiento y los elogios.

Situación: Linda tenía una cita en un taller de reparación de coches y le dice a su novio, llorando, que la habían timado sin piedad, que la habían tratado de forma poco amistosa y que, de todas formas, como mujer no la tomarían en serio allí. Su novio, Marco, le pregunta con más ironía que indignación qué espera ella de él, si debería llamar o pasar de largo. Se produce una acalorada discusión en la que Linda acusa a Marco de no haberla defendido nunca y de tener mala suerte en la vida, etc. Marco se siente injustamente criticado y enumera todas las cosas que hace por Linda, dice que ella es una quejica y no debería armar tanto escándalo. Linda creció como una niña sin madre y recibió una mayor atención de su padre, que tuvo que ocuparse de ella y de sus tres hermanos, cuando estaba indefensa y lloraba. Se esperaba de ella que fuera independiente a una edad temprana y adoptar un papel de víctima a menudo le conseguía la atención que deseaba de su padre. La madre de Marco, en cambio, padecía una enfermedad crónica que constituía casi exclusivamente la vida familiar cotidiana. Marco tuvo que ocuparse pronto de sus hermanos y de su madre, que a menudo se hundía en la autocompasión y no percibía las necesidades de los niños.

Situación: Kerstin mantiene una relación con el colérico y patológicamente celoso Stefan. Stefan comprueba el móvil de Kerstin, abre su correo, monta regularmente una escena acusándola de infidelidad. Kerstin sufre mucho por ello, pero es incapaz de liberarse de esta relación tóxica. Intenta complacerle y cumple todas las exigencias que Stefan le hace porque quiere hacerle feliz. En su última relación, Kerstin se involucró con un hombre alcohólico, esta relación también fue muy infeliz para ella, sin embargo, fue incapaz de separarse de este hombre durante mucho tiempo.

Los padres de Kerstin se divorciaron cuando Kerstin tenía dos años. Creció con su madre y posteriormente rompió el contacto con su padre. El trauma de perder a su padre es muy profundo, por lo que no quiere volver a sentirse sola, desamparada o abandonada. Stefan fue desatendido por sus padres y no recibió ningún aprecio, a menudo le maltrataban verbalmente. Al final creció con sus abuelos. Ha desarrollado una autoestima inferior, siempre teme la infidelidad de su pareja porque siente que no vale nada.

Situación: Marion llega a casa llena de entusiasmo —con media hora de retraso—, lleva la alegría escrita en la cara porque ha ganado dos entradas para una aventura al aire libre y anima a su marido, Ernst. Él, sin embargo, está ocupado con su teléfono móvil y le susurra que aún tiene trabajo que hacer y lo importante que es el nuevo empleo. Marion se siente decepcionada y se retira con tristeza. Marion creció con una hermana.

La atención de los padres se centraba a menudo en la hermana, Marion se sentía por lo general ignorada y se formó en ella la impresión de que recibía menos amor y reconocimiento que su hermana. Ernst fue educado de forma muy obediente y a menudo recibía elogios y reconocimiento cuando conseguía un logro. El tiempo para jugar y el espacio libre no tenían mucha cabida ni prioridad. La niña interior de Marion quiere ser feliz y compartir la emoción con su pareja, pero como Ernst no reacciona con tanto entusiasmo como ella esperaba, se siente apartada e ignorada. Ernst, en cambio, quiere cumplir con sus obligaciones antes de permitirse la libertad, y le molesta la impuntualidad, porque para él es señal de desinterés. Su padre prometía a menudo estar presente en las representaciones escolares o en los acontecimientos deportivos, y a menudo llegaba demasiado tarde y se perdía las tareas de su hijo.

Basándote en los ejemplos, puede que ahora tengas una idea de cómo el niño interior influye significativamente en cualquier conflicto, cualquier crisis, cualquier disputa potencial en una relación. En la mayoría de los casos, son los niños pequeños que hay en ti y en tu pareja los que entran en conflicto. Empujan, dan patadas, puñetazos, regañan, rompen juguetes, reaccionan con obstinación, se retiran enfadados o le sacan la lengua a la otra persona. Al darte cuenta de esto, ya has hecho el primer progreso hacia la mejora. No importa si tu pareja conoce a su niño interior y es consciente de ello. Cuando te ocupas del niño interior y lo curas, desactivas todas las situaciones cargadas emocionalmente mediante tu comportamiento y el cambio en la comunicación. Has reconocido y hecho las paces con tus creencias e improntas negativas que te causan dolor y puedes contemplar la situación de un modo completamente distinto desde un estado curado.

En otras palabras, ahora evalúas la situación desde una conciencia adulta y si tu pareja se ha dejado los platos en la mesa de la cocina o ha hecho otra cosa, que normalmente te decepciona o te hace hervir de ira, es percibida por ti como una situación neutra —totalmente libre de valores— y, en el mejor de los casos, tomada con bastante calma. Nuestra visión del mundo y nuestras improntas son las que dan sabor a todas las situaciones. Esto explica también el hecho de que las mismas situaciones provoquen reacciones diferentes en personas distintas. Los zapatos sin lustrar del marido pueden causar vergüenza e insultos en la primera esposa en el almuerzo del domingo, pero a la segunda no le importa en absoluto, ni siquiera se da cuenta.

Una vez que hayas cambiado la perspectiva, podrás formular tus deseos y esperanzas de forma clara y directa. Si Sabine se hubiera dado cuenta de cómo se estaba poniendo furiosa en el primer ejemplo, podría haber mandado a Arno por delante: "Siento estar tan enfadada ahora, pero primero tengo que desahogarme hasta que pueda calmarme. ¡No tiene nada que ver contigo! Estaría bien que me escucharas y me dijeras qué habrías hecho tú en mi situación". Arno no se habría sentido culpable y no habría huido, la situación se habría apaciguado.

En el segundo ejemplo, Ute podría haber dicho: "Sabes, Kurt, sé que has tenido un día muy largo y que estás deseando ducharte. Pero no es mi trabajo guardar tus cosas. Me ayudarías mucho si las guardaras tú mismo en el armario de la ropa blanca". Con un guiño, podría haber añadido: "Y si en el futuro encuentro otro par de tus calcetines debajo del sofá, irán a la basura". A veces un comentario humorístico o sarcástico también transmite un mensaje importante. Ute ha mostrado su aprecio a su marido y, al mismo tiempo, ha formulado abiertamente sus deseos.

En nuestro tercer ejemplo, Linda podría formular lo indefensa y atropellada que se sentía en esta situación y lo bueno que habría sido que Marco hubiera estado allí, porque él podía negociar mucho mejor y conocía el negocio. Seguramente él le habría respondido que la acompañaría a esas citas en el futuro.

En el siguiente ejemplo, Kerstin se ha dado cuenta de que su niña interior no ha superado la pérdida de su padre y siente pánico a quedarse sola. Por eso se mantiene en relaciones poco sanas o se expone a dependencias. Al curar su trauma personal, encuentra la autoconciencia y la confianza para poner fin a la relación y la comprensión para sustituir "el vacío" de no tener pareja por otras cosas positivas.

En el último ejemplo, una simple disculpa por llegar tarde habría llevado directamente a Ernst a decir: "¡Sí, genial! ¡Me hace mucha ilusión! Todavía tengo que ocuparme de esta tarea, pero cuando acabe, podemos planear nuestro viaje, ¿vale?". Si Marion hubiera expresado además su esperanza de que Ernst también estuviera tan ilusionado como ella, ambas partes de esta situación habrían quedado satisfechas con el compromiso.

Cambiar tu perspectiva requiere un poco de práctica y atención, y puede que no tengas éxito de inmediato. También es posible que —aunque estés trabajando con tu niño interior— vuelvas a caer en viejas pautas de comportamiento y comunicación. Ten paciencia contigo mismo. Ningún maestro ha caído nunca del cielo y algunas huellas del pasado son más profundas que otras. Habrá cuestiones en tu vida que podrás resolver fácilmente, mientras que otras te parecerán inmanejables, algunas de las cuales nunca podrán superarse del todo. Paso a paso os iréis tranquilizando y relajando, y notaréis que se desarrolla una comprensión mucho más profunda el uno del otro, vuestra relación mejora significativamente y a la larga os veis recompensados con un vínculo feliz y pleno. Y al final, simplemente te sientes mejor porque te permites ser quien eres y llamar a las cosas por su nombre. Controlas mejor tus emociones, ya no eres víctima de programas que se ejecutan inconscientemente y puedes intervenir proactivamente cuando un conflicto amenaza con irse de las manos.

EL NIÑO INTERIOR EN ACCIÓN

Como recordatorio, tu niño interior te acompaña a todas partes porque forma parte de tu personalidad. Que se haga sentir en el trabajo es bastante probable, porque vivimos en una sociedad que se define por el rendimiento y el estatus. Hemos aprendido muy pronto a funcionar, a conseguir logros, a negar nuestros deseos en lugar de dedicarnos a cosas que nos producen alegría (pero que quizá no nos aseguran unos ingresos para vivir). Hemos aprendido en nuestra sociedad a dar codazos, a hacernos valer, a jugar según unas reglas que no son las nuestras. Nos adaptamos porque creemos que estamos al final de la cadena alimentaria. Muy pronto aprendimos las represalias, los castigos y las restricciones que siguen si no "seguimos el juego". Podemos aceptar a diario jerarquías que no nos valoran y pasarnos la vida con muchas cosas virtuales que no podemos comprender y sin experimentar inmediatamente ningún resultado positivo.

Merece la pena examinar de cerca lo que tu niño interior quiere de tu lugar de trabajo y si estas necesidades se están satisfaciendo en gran medida. Si no es así, ¡deberías empezar a curar a tu niño interior rápidamente! Desde luego, no te digo nada nuevo cuando señalo que, a la larga, muchas enfermedades tienen su origen en una relación laboral insana e infeliz.

Los siguientes comportamientos en el trabajo pueden indicar un conflicto de tu niño sombra:

- No puedes decir que no, a menudo te sientes abrumado porque asumes más trabajo del que puedes hacer en términos de tiempo o personal.

- Quieres hacerlo todo tú solo y te cuesta pedir ayuda porque lo interpretas como un fracaso si pides apoyo.

- No escuchas las señales de tu cuerpo, incluso puedes ir a trabajar enfermo porque temes defraudar a los compañeros o que la gente pueda equiparar tu ausencia con debilidad o te tachen en secreto de malintencionado.

- Aceptas en el trabajo condiciones que te repugnan interiormente por miedo a perder el empleo.

- Siempre intentan ofrecer mejores resultados que sus colegas, según el lema más alto, más rápido, más lejos, hasta el punto del autosacrificio y el agotamiento mental y físico.

- Cambias de trabajo con frecuencia, te sientes víctima de circunstancias recurrentes.

- No reconocen la autoridad y se rebelan abierta o encubiertamente contra las personas de mayor jerarquía.

- Como supervisor, no sientes empatía por tus empleados.

> •Siempre es el mismo colega al que te gustaría vaporizar con una pistola láser porque... (puedes añadir lo que te moleste :-)).
>
> •Reaccionas a las críticas con una sensibilidad desproporcionada o a la defensiva.

Ten en cuenta que el niño interior también actúa en tus colegas y superiores. En principio, aquí entran en juego los mismos patrones de comportamiento inconscientes que en todas las relaciones interpersonales y, por tanto, pueden provocar estrés en el trabajo si, por ejemplo, nos comportamos de forma inadecuada porque nos sentimos injustamente tratados o no podemos soportar las críticas. ¿Quizás tu jefe es una persona colérica y reacciona de forma extremadamente impulsiva, lo que os lleva a gritaros regularmente en el taller? En determinadas circunstancias, ¿haces caso omiso de las instrucciones "de arriba" o haces exactamente lo contrario? ¿Intentas poner a otros compañeros de tu parte cuando hay un conflicto? ¿Pasas inmediatamente al ataque cuando te dan una sugerencia bienintencionada para mejorar tu trabajo?

Si empiezas a curar a tu niño interior, a la larga, crearás un clima mejor en tu lugar de trabajo, te llevarás mejor con tus compañeros y conocerás tus límites y, con suerte, tendrás el valor de expresarlos. Averigua por qué siempre entras en el despacho del jefe o conduces hacia el trabajo el lunes por la mañana con una sensación de hundimiento en la boca del estómago. Libera estos patrones de pensamiento negativos y sienta una base importante para una vida profesional más sana y satisfecha.

EL NIÑO INTERIOR EN EL ENTORNO SOCIAL

Puesto que la manifestación del dolor infantil sobre heridas pasadas y tu forma aprendida de afrontarlas puede transferirse a todos los ámbitos de la vida en los que nos relacionamos con otras personas o circunstancias, también puedes aplicar el método a las amistades, el estatus social, la familia y las estructuras sociales. Los conflictos no siempre salen a la luz tan abiertamente como en las relaciones de pareja, y a veces tus reacciones emocionales pueden ser incluso una sorpresa. Por ejemplo, puedes ser abordado verbalmente por un completo desconocido en la calle o en el supermercado y alterarte tanto por dentro que te mantenga ocupado durante horas después o que aún se lo cuentes a tu círculo de amigos días después. Además, pueden producirse cambios sociales, políticos o económicos que apelan a tu niño interior y reaccionas emocionalmente con fuerza ante ellos. Siempre es una expresión de cómo deseas que te perciba tu entorno, cómo percibes tu mundo exterior y qué necesidad básica hay detrás. Permanece abierto a las formas que tu niño interior elija para hacerse sentir.

EL NIÑO INFELIZ Y LAS ENFERMEDADES

Todos aspiramos al bienestar y la salud. Si las necesidades no se satisfacen durante mucho tiempo, si se niegan y si nos exponemos permanentemente a conflictos que agobian nuestra psique, surgen enfermedades que son la expresión de un alma que sufre o de un cuerpo que sufre. Neurosis, acúfenos, síndrome del intestino irritable, trastornos del dolor, mareos, trastornos alimentarios, depresión, agotamiento, la lista es larga. Para evitar llegar a este punto en primer lugar, debemos aprender a centrarnos en nosotros mismos, aprender a comprender nuestros procesos psicológicos internos y limitar los daños. Puesto que todos tenemos un niño en la sombra dentro de nosotros, deberíamos intentar curar las heridas del pasado. Trabajar con el niño interior es una de las formas más importantes de comprenderte a ti mismo y encontrar la curación. Tu psique te envía señales a través del cuerpo y, si no las percibes, en el peor de los casos se manifiestan enfermedades. En otras palabras, tu niño interior puede estar enfermo y darte una pista sobre ello en el plano físico.

La gravedad de una lesión que sufres de niño y cómo la afrontas depende mucho de tu estructura de personalidad. Si el choque psicológico es muy fuerte, se llama trauma. Si las necesidades básicas que tenías de niño, como se mencionó al principio, no fueron satisfechas, por ejemplo, te descuidaron gravemente, experimentaste abusos físicos o verbales o violencia, no sentiste amor en absoluto, se recomienda en cualquier caso buscar la ayuda de un terapeuta formado o trabajar con un entrenador de la personalidad.

ENFERMEDADES Y PROGRAMACIÓN PRENATAL

No solo los primeros años de la vida de un niño son decisivos para los procesos psicológicos internos y la capacidad conductual y conflictiva asociada en el desarrollo posterior. Numerosos estudios examinan la llamada "programación fetal", es decir, la conexión entre el estrés materno durante el embarazo y el desarrollo del feto.

En los años 80, el epidemiólogo británico David Barker sentó con sus observaciones las bases de la investigación actual sobre la programación fetal. Se refirió al primer estudio publicado en círculos científicos sobre madres holandesas embarazadas durante el invierno de 1944-45. El bloqueo alemán durante la Segunda Guerra Mundial provocó escasez de alimentos y fue el desencadenante del "Invierno del Hambre Holandés". Las mujeres embarazadas se vieron expuestas a una acusada desnutrición y deficiencias minerales en varias fases del embarazo. El investigador alemán Famine Birth Chort analizó los efectos en los niños nacidos durante la hambruna o poco después. Los niños solían tener un peso inferior al nacer y eran más propensos a desarrollar diabetes, obesidad y enfermedades cardiovasculares más adelante.

Un estudio publicado recientemente por la Universidad McGill de Canadá investigó la conexión entre la programación fetal y las capacidades cognitivas y lingüísticas del niño bajo el nombre de proyecto "Tormenta de hielo". Se observó a 150 niños cuyas madres estuvieron expuestas a un apagón de 40 días durante una tormenta de hielo en 1998. Aquí se pudo demostrar claramente una conexión entre el estrés materno y el temperamento infantil (hiperactividad), los trastornos de atención y los déficits de desarrollo motor y lingüístico.

El estado de ánimo, los miedos existenciales, las preocupaciones, el estrés con la pareja, un estilo de vida poco saludable durante el embarazo tienen una gran influencia en el desarrollo neuronal del feto y envían predisposiciones a la salud mental y física del niño en el futuro, responsables a través de la liberación de hormonas del estrés como el cortisol o a través de fluctuaciones hormonales. La alteración de las hormonas tiroideas en una mujer durante los tres primeros meses de embarazo, por ejemplo, influye tan enormemente en el desarrollo cerebral del bebé que un suministro insuficiente se asocia a un mayor riesgo de desarrollar TDAH o autismo.

Los científicos sospechan que el curso de la salud o la enfermedad posteriores ya está fijado a nivel epigenético en el útero. La epigenética investiga la conexión entre los factores ambientales y la genética. La influencia de un parto lo más natural posible en la salud del bebé ya ha sido bien investigada: los bebés que nacen por cesárea padecen con más frecuencia alergias o asma. El consumo de alcohol durante el embarazo ha demostrado que el efecto en el cerebro del feto puede provocar un trastorno del comportamiento y el propio niño consume más alcohol más adelante. Hay diversos factores que pueden influir en el embarazo: medicamentos, complementos alimenticios, edulcorantes artificiales, etc.

Si eres una de esas personas que dicen haber tenido una infancia absolutamente feliz y haber recibido amor y aceptación, sin embargo algunos bloqueos emocionales o enfermedades crónicas te resultan inexplicables sin una causa clara y no puedes darles sentido, entonces merece la pena que te preguntes cómo se sentía tu madre durante y al principio del embarazo. ¡Quizá aquí encuentres una pista!

Fortalecer al niño feliz

Los sentimientos y estados de ánimo positivos que vivían dentro de ti cuando eras pequeño pueden aprovecharse ahora en tu vida y, con un poco de práctica, volver a tu conciencia. Suena bien, ¿verdad? A largo plazo, previenes enfermedades (porque una actitud positiva refuerza el sistema inmunitario), aumentas la confianza en ti mismo, encuentras acceso a tu intuición, sientes felicidad y alegría en la vida. En resumen, ¡se trata de divertirse!

Como un niño feliz estamos en la confianza primigenia y somos:

- desenfadado
- juguetón
- creativo
- curioso
- descarado
- espontáneo, impulsivo
- feliz
- entusiasta
- lleno de alegría
- completamente en el aquí y ahora.

No hace falta mucho para reavivar estos sentimientos, salvo que te permitas hacerlo y dejes que ocurra. Puede que al principio te sientas tonto, pero también te darás cuenta de lo bien que sienta una vez que empieces. Al final, estás haciendo algo bueno por ti mismo y de eso se trata. Todo *coaching*, toda guía de vida, todo seminario de desarrollo personal, toda enseñanza espiritual quiere enseñarte exactamente eso. Permítete el bienestar, satisface tus necesidades, tómate tiempo para ti, ¡cuídate! En el próximo capítulo aprenderás más métodos para entrar en contacto con tu niño interior. Debes dedicar tiempo a tu niño feliz con regularidad.

Así encontrarás el acceso a tu hijo feliz:

1. ¡Sé creativo! Aprende una manualidad o empieza a pintar, hornea una barra de pan, reorganiza los muebles de tu casa, redecora las habitaciones, reorganiza tu armario, haz algo de jardinería, organiza una fiesta, empieza a hacer maquetas, monta un taller, etc. Haz algo con tus manos, da forma a algo, diseña algo, ¡deja volar tu imaginación!

2. ¡Fomenta tu instinto de juego! (Y sí, queridas mujeres, ¡no seáis tan duras cuando vuestra pareja esté viendo el partido de fútbol en casa con sus amigos y haya vítores, gritos y sufrimiento! Eso también es instinto de juego. Complácelo!)

Organiza noches de juegos con amigos o en pareja, haz puzles, resuelve acertijos, tírate por el tobogán de la piscina municipal al aire libre, haz juegos de escape, encuentra al asesino en puzles de crímenes, saca el viejo ferrocarril Märklin del sótano, escucha un audiolibro y sigue atentamente la acción. Visita un parque temático. Súbete a una montaña rusa. Si no te es posible, mira en Internet las películas sobre las montañas rusas más altas y empinadas del mundo; ¡la perspectiva del vídeo te permite estar justo delante en el primer vagón! Esto también se aplica a todas las demás atracciones.

3. ¡Sé despreocupado! Baila por el piso cantando en una cuchara de madera tu canción favorita, vístete de colores (no hace falta que te pasees por el centro de la ciudad como un ave del paraíso), canta a voz en grito en la ducha, dedica tiempo a tu actividad favorita en la que te olvides por completo del tiempo, ve todo un día comedias divertidas y ríete hasta que te duela el estómago. Planea una salida nocturna con tu pareja o una fiesta en la que todos los invitados tengan que disfrazarse. Cuelga una hamaca en el balcón. Compra un trampolín

para adultos. Deja que el color entre en tu vida Los colores influyen en nuestro estado de ánimo, así que no dudes en experimentar en tu casa o con la ropa que elijas. Éste es uno de los ejercicios más difíciles, ya que hemos olvidado cómo vivir los momentos sin preocupaciones, penurias y pensamientos sobre el mañana.

4. Actúa impulsivamente, por capricho. ¿Cuándo fue la última vez que cogiste un polo de un quiosco de camino a casa? ¡También puede ser un chupachups o un rollo de kétchup! Cómprate algo bonito, aunque no sea necesario y quizá no esté presupuestado, ¡porque te da alegría! Sal a pasear descalzo bajo la lluvia o salta a todos los charcos con botas de goma. Ensúciate. Planifica una salida espontánea.

5. Alimenta tu curiosidad. ¿Qué te ha interesado siempre? Haz algo o aprende algo nuevo. Prueba algo. Ve a un museo y aprende sobre el pasado. Lee libros o revistas. Los estudios demuestran que las personas curiosas tienen más confianza en sí mismas y más éxito en su vida profesional, así como más probabilidades de disfrutar yendo a

trabajar. La curiosidad tiene un efecto positivo en tu memoria porque se estimulan las áreas correspondientes del cerebro. Busca el contacto con desconocidos, a ver qué pasa. Prueba el nuevo restaurante mongol oriental. Descubre nuevos lugares y personas, viaja o descubre nuevos destinos. (Si no es posible viajar en este momento, mira películas en Internet sobre lugares que te gustaría visitar. Conoce otras culturas y países lejanos).

6. ¡Haz realidad un sueño! ¿Soñabas con bailar ballet de niño o querías tener una casa en un árbol? Apúntate a un curso de "Ballet para adultos". No importa la edad que tengas ni tus condiciones físicas. Favorece tu coordinación y flexibilidad y sí, yo misma ya he asistido a dos de estos cursos. ¿Tienes medios para construirte una casa en un árbol? ¿Quizá solo una versión en miniatura para pájaros? ¿Te permitieron tener una mascota cuando eras niño? ¿Existe la posibilidad de que hoy puedas cumplir este deseo? Los animales influyen

positivamente en nuestro bienestar. Averigua los pequeños y grandes sueños y escríbelos.

7. ¿Cuándo fue la última vez que le gastaste una broma a alguien y te reíste un buen rato? Por ejemplo, haz figuras de castañas feas y regálaselas a amigos y colegas y disfruta de su reacción. Compra un artículo de broma y ¡dale un buen uso! Las posibilidades aquí son ilimitadas y ahora puedes añadir y descubrir lo que en particular te produce sentimientos de felicidad. Básicamente, se trata de estar completamente en contacto contigo mismo, aceptarte lúdicamente y permitir que el niño pequeño que llevamos dentro ocupe su espacio. Por ejemplo, puedes reservar una o dos horas cada semana para pasar tiempo con tu niño sol.

Entrar en contacto con el niño interior

El primer paso para lograr la curación de tu propio niño interior es establecer contacto. Puesto que las emociones del niño sol son más o menos universales, el contacto con el niño sombra es muy individual, ya que tus pautas negativas de comportamiento dependen de tus experiencias muy personales.

Para que te resulte más fácil, te recomiendo que cojas fotos de tu primera infancia para ayudarte o, si las tienes, que mires viejas diapositivas o películas. Si incluso hay grabaciones de audio de aquella época y todavía tienes una grabadora, escucha las grabaciones antiguas.

EJERCICIO FOTOGRÁFICO

Observa tus fotos y qué expresión facial tenías en el momento en que las capturaste. ¿Recuerdas quizás en qué ocasión se hizo la foto? ¿Pareces asustado, preocupado o enfadado, quizás lloraste? Habla con el niño pequeño de la foto en la posición de un adulto cariñoso. Pregúntale qué siente, por qué está triste o por qué tiene miedo. Pregúntale qué necesita en este momento, cómo se le puede ayudar. Dile que está a salvo y en buenas manos, que es hermoso y que lo quieres. Sea cual sea el deseo que tengas en ese momento, sea lo que sea lo que quieras decirle a tu niño interior, hazlo.

CONVERSACIONES DIARIAS CON TU PEQUEÑO YO

Pregunta cada día al niño que llevas dentro cómo está y qué necesita en ese momento. Por ejemplo, si te miras al espejo después de levantarte y te diriges regularmente al niño que hay en ti, con un poco de práctica pronto obtendrás respuestas interesantes. También puedes mirar una foto tuya enmarcada en un lugar fijo y preguntarle cada mañana en un ritual recurrente. Quizá el pequeño mequetrefe que hay en ti diga que hoy quiere jugar, o la pequeña diva quiera algo especialmente bonito y colorido. Puede que el pequeño yo quiera ir a casa de la tía Inge o pasar tiempo con su padre. O dice sin más: ¡Déjame en paz! Aquí es donde tu capacidad para interpretar y tu creatividad son necesarias para encontrar formas de cumplir el deseo, aunque solo sea hasta cierto punto o por poder. Podría ser así: quizá termines de trabajar un poco antes, te dediques a tu afición, te des un capricho, hables con un familiar por teléfono o te pases por casa de tus padres sin avisar para pasar un rato juntos.

Si por desgracia tus seres queridos ya no están vivos, visitar el lugar de descanso final también cuenta. Quizá lleves una planta bonita u otro objeto y mantengas conversaciones cariñosas con el difunto. Si tu niño interior quiere que le dejes en paz, es aconsejable obedecer y programar las citas o recados importantes para otro día, si es posible. Descubrirás que, con el tiempo, este ejercicio es curativo, ya que aprendes a ser consciente de ti mismo y de tus necesidades.

CARTAS A TU NIÑO INTERIOR

Si te resulta difícil comunicarte verbalmente, puedes escribir cartas a tu niño interior. Con el tiempo, esto puede convertirse en una correspondencia, ya que tu niño te responderá. Como los mensajes están escritos, puedes utilizarlos como herramienta de curación si no estás muy seguro de qué experiencia negativa está detrás de qué cicatriz del alma. Puedes empezar en general o hacer preguntas. Por ejemplo, puedes preguntar cuándo estuvo triste el niño interior y si puede describirte una situación. Mi niño interior me contestó una vez: ¿Recuerdas cuando construí una cueva en el armario del pasillo? Era tan acogedora y cómoda que tenía una linterna e incluso la vieja radio de papá. Me parecía tan acogedora que me hubiera gustado compartir esa sensación, porque estaba sola. Le pregunté a mamá si quería acompañarme a la guarida, pero se limitó a decir que estaba muy grande y ocupada, que no tenía tiempo porque tenía que preparar la comida. Esto me hizo sentir abruptamente una profunda tristeza porque ella no pudiera experimentar también esta hermosa sensación, y entonces salí inmediatamente de la cueva y la desmonté. Como noto que las lágrimas brotan de mi interior mientras escribo, me gustaría prepararte para el hecho de que pueden surgir emociones fuertes al trabajar con el niño interior y, por favor, prepárate si las lágrimas fluyen aquí y allá.

CREA UN CUADERNO

Aquí debes separar las páginas o capítulos entre el niño sol que ríe y el niño sombra que llora. Pega imágenes tuyas riendo y con aspecto sombrío. Todo lo que surja en ti durante el trabajo con el niño interior en forma de pensamientos, sentimientos o imágenes debe anotarse en este libro.

Para hacer un seguimiento del niño feliz, puedes anotar las siguientes cosas:

¿Todavía recuerdas a qué te gustaba jugar cuando eras niño? ¿Con quién jugabas en el patio y quién asumía qué función? ¿Eras más de polis y ladrones? ¿Con qué pasabas la mayor parte del tiempo? ¿Cuál era tu juguete favorito? ¿De qué te reías más? ¿Qué cualidades te gustaban más de tu hermano/hermana? ¿A quién le contaste un secreto?

Puedes escribir todo lo que te hacía feliz de niño. Escribe un acontecimiento feliz y lo que te parecía tan estupendo en ese momento: ¡las vacaciones de verano en la granja eran geniales!

Los niños podíamos jugar todo el día y movernos libremente por el terreno, mamá y papá tenían...

Piensa, por ejemplo, en el cumpleaños de tu hijo. De niños, solemos recibir una atención especial en nuestros cumpleaños, somos pequeños reyes por un día, recibimos regalos estupendos, podemos invitar a amigos, jugar a juegos especiales y esperamos ese día con semanas de antelación. Escribe qué hizo que este día fuera tan especial. ¿Cómo te hizo sentir? Como adulto, ¿cómo sería el día perfecto para volver a sentirte así? Para seguir al niño infeliz, puedes anotar las siguientes cosas:

Escribe situaciones o incidentes en los que te hayas sentido especialmente enfadado, triste, decepcionado o herido. ¿Hubo algo que te asustara terriblemente? Ejemplo: Cuando mamá y papá iban allí o por allí con mi hermano, a mí no me dejaban ir, tenía que quedarme en casa. La curación ya puede empezar si tú, como adulto, identificas y escribes hoy el mensaje del niño pequeño que hay detrás: "Tú no perteneces". Transfórmalo dirigiéndote al niño pequeño: "Tú perteneces. No te dejaron ir porque la tía Inge había cogido un perro nuevo de la protectora y era muy agresivo. Mamá y papá estaban preocupados y pensaron que no era un entorno seguro para un niño pequeño. No estás solo, yo estoy contigo".

Por ejemplo, también puedes empezar las frases siguientes y completarlas tú mismo:

- A mi niño interior le gusta la honestidad. Siempre ha sido honesto conmigo...
- Mi niño interior puede ser auténtico. ¿Cuándo he fingido o mentido?
- A mi niño interior no le gusta obedecer. ¿Cuándo he tenido que obedecer siempre?
- A mi niño interior no le gustan los castigos. ¿Cuándo me han castigado y cómo?
- A mi niño interior no le gusta estar solo. ¿Cuándo me he sentido solo y abandonado?
- Mi niño interior puede ser aceptado. ¿A quién nunca le he gustado?
- ¿Cuándo se enfadó mamá conmigo?
- ¿Cuándo se enfadó papá conmigo?

> • ¿Qué fue muy mezquino por parte de mi hermano/hermana?

TRABAJAR CON SÍMBOLOS

Para entablar un diálogo con tu niño interior, puedes coger un muñeco viejo que simbolice tu parte infantil. También funciona con dos sillas enfrentadas. Una silla representa a tu niño interior, la otra a ti como adulto. Cuando ahora empecéis a contactar con tu niño interior y a hablar juntos sobre las emociones negativas y su causa, puedes ocupar la silla correspondiente o coger el muñeco en la mano, según la parte para la que estés hablando en ese momento. Concluye cada una de estas "reuniones" con amor formulado hacia el niño pequeño que hay en ti y despídete de las viejas creencias que ya no son válidas, por ejemplo, escribiéndolas de antemano y tirándolas a un contenedor, quemándolas después o poniéndolas en la lista negra de tu cuaderno personal.

Sanar al niño interior

La curación puede empezar por decir adiós a viejas creencias, convicciones y pautas de reacción, y quitarles el poder.

1. Primero hay que reconocerlos e identificarlos.

2. Adopta una perspectiva de dos partes. Eres adulto y niño al mismo tiempo.

3. Si observas y examinas la situación desde todos los puntos de vista desde la perspectiva de un adulto que dispone de mucha más información,

puedes resolver la situación diciéndole al niño pequeño que lo que experimentó a menudo no era la verdad o era solo una verdad a medias.

4. Como adulto, reconoces la causa que se esconde tras el dolor y el deseo de aceptación, y puedes dar a tu hijo lo que necesita, indirectamente a través de los padres. Muestras a tu niño interior que no está solo, que te preocupas por él y que todo lo que necesita para ser feliz está presente en ti.

5. ¡Haz el trabajo del perdón! Perdona a las personas que te han causado sentimientos desagradables. Así te liberarás del papel de víctima y dejarás de guardar rencor. La situación en sí no puede deshacerse, pero aprenderás a afrontar las consecuencias mucho mejor.

Que prefieras términos como "integración del ego en la sombra" o "solución de bloqueos" en lugar de "curación del niño interior" depende de ti, pero siempre se trata del mismo principio subyacente. Ahora me gustaría presentarte las formas en que puedes sanar a tu niño interior. En el capítulo anterior sobre el establecimiento del contacto ya has aprendido formas de reconocer los conflictos y las experiencias negativas de la infancia y de identificar las emociones negativas resultantes. Dado que las transiciones en el trabajo son fluidas, ya puede comenzar un efecto curativo cuando se establece contacto con el niño interior y se aplican los métodos descritos.

REFORMULACIÓN POSITIVA

Haz una lista de creencias negativas y reformúlalas en positivo.

Ejemplos:

> • Soy fea. Puede que no me ajuste al ideal común de belleza, pero tengo otras cualidades únicas. Estoy bien tal como soy.
>
> • De todos modos, no podré hacerlo. Si me esfuerzo, puedo conseguir lo que quiera.
>
> • No merezco tener éxito y ser feliz. Merezco tener éxito y ser feliz.
>
> • Soy débil e indefenso y no puedo cambiar nada. Soy fuerte y puedo cambiarlo todo si quiero.

- Nadie me quiere. Soy adorable y hay gente que lo ve igual.
- No soy suficiente. Soy perfectamente suficiente, aunque no sea perfecta. Nadie lo es.
- Nunca tendré éxito. Soy capaz de aprender y tengo muchas habilidades que puedo utilizar con provecho.

AFIRMACIONES

Las afirmaciones son creencias formuladas positivamente que se evocan mediante la repetición constante para cambiar el comportamiento y las creencias. Las afirmaciones son una herramienta de la autosugestión. Con este método, solo obtendrás éxito si te mantienes constantemente atento. Los humanos somos criaturas de hábitos y, con paciencia y constancia, puedes reprogramar tu subconsciente con afirmaciones. A largo plazo, aprenderás a evaluar las situaciones de forma más positiva con este método. Según un estudio de 2015, las afirmaciones positivas activan con más fuerza el centro de recompensa del cerebro y el área de autorreflexión. Estas áreas se activaban con especial fuerza cuando las afirmaciones se formulaban de forma dirigida al futuro, esto se comprobó mediante imágenes de resonancia magnética.

Puedes recitar afirmaciones en voz alta, escribirlas, dirigirlas a tu reflexión o escucharlas. Ejemplos:

- Me quiero y me aprecio con todo lo que me hace ser yo.
- El amor me llena.
- Siempre estoy en el lugar adecuado en el momento adecuado.
- Soy fuerte y valiente.
- Tengo confianza en mí mismo y conozco mis puntos fuertes.
- Mis debilidades también son entrañables.
- Me respeto a mí misma y a mi cuerpo.
- Confío en mis capacidades.
- Asumo mi responsabilidad.
- Merezco ser feliz.
- Merezco que me quieran.

> - Tengo tanto que dar a otra persona.
> - Cada día estoy más cerca de mi objetivo.

VISUALIZA

Visualización significa aquí una introspección, una ensoñación que tú mismo construyes y diriges. A diferencia de la meditación, no tienes que entrar en una relajación profunda. Crea una atmósfera segura y cómoda en la que te sientas a gusto. Cierra los ojos. Delante de tu ojo interior puedes encontrarte ahora con tu niño interior. Reúnete con él en un lugar bonito en el que siempre te haya gustado jugar, por ejemplo, o crea un espacio seguro imaginario. Por ejemplo, puedes bajar unas escaleras y al pie de las mismas te espera tu niño interior. Pregúntale cómo está, qué necesita para ser feliz. Si sientes que está triste, consuélalo cogiéndolo en brazos o dándole palabras de ánimo. Si ya has identificado una situación en la que tu niño interior ha sido herido por uno de sus progenitores, puedes reproducirla mentalmente.

Pregúntale a tu niño interior cómo vivió esa situación y qué sintió. Dile que no era verdad, porque los padres actuaron movidos por su propia inseguridad, tal vez se sentían impotentes y abrumados o estaban estresados. Consuélala diciéndole que lo cuidarás, lo querrás y le darás lo que necesita. Pregunta a tu niño interior si está preparado para perdonar a los padres. Podéis hacerlo juntos.

MEDITACIÓN

Si te resulta difícil visualizar, un viaje guiado a tu niño interior tiene la gran ventaja de que te guían para hacerlo y experimentas una introducción al principio para calmarte mentalmente, concentrarte y relajarte física y mentalmente. Normalmente, una meditación comienza con ejercicios de respiración y de atención plena, y se te da un escenario en el que te mueves mentalmente. Se dirige tu atención a distintas zonas del cuerpo para relajarlas conscientemente. Dentro de la meditación se te guía hacia tu niño interior y se te da espacio para permitir que surjan emociones negativas y transformarlas en positivas o dejarlas ir.

Las meditaciones guiadas también las utilizan los terapeutas y las ofrecen como archivos de audio o CD. Los efectos positivos de la meditación están científicamente probados desde hace mucho tiempo y si incorporas este método a tu trabajo con tu niño interior, notarás los efectos al cabo de pocas horas: paz interior y equilibrio, el estrés ya no te altera tan rápidamente. Esto, a su vez, tiene un efecto positivo sobre tu sistema cardiovascular, tu sistema inmunitario y tus niveles de colesterol.

HIPNOSIS

La hipnosis solo debe ser realizada por terapeutas certificados y describe el arte de llevar la imaginación visual, física y emocional de otra persona al pasado o a una realidad alternativa para experimentar acontecimientos. Al hacerlo, el hipnotizador colocará a la persona en un estado alterado de conciencia, el trance hipnótico. En el trance se accede a la mente subconsciente.

La persona hipnotizada está despierta y alerta en todo momento, y al mismo tiempo profundamente relajada y capaz de comunicarse verbalmente en cualquier momento. En una conversación preliminar —si no en el transcurso de la terapia conductual— hablarás con tu terapeuta de situaciones en las que experimentaste heridas o emociones negativas de niño. En la regresión volverás a experimentar esa situación, desde la perspectiva del niño de cinco años y "en vivo". Incluso tu voz cambiará durante la sesión de hipnosis y hablarás con la voz del niño de cinco años. Tu consciencia adulta no está en absoluto desconectada, observa toda la escena y también puede ser abordada por el terapeuta. Con la orientación terapéutica, estos sentimientos experimentados entonces negativamente se transforman, se liberan, se aceptan y resuelven con la ayuda de la conciencia adulta observada.

JULIA WIEDERSPOHN

Límites en el trabajo con el niño interior

La confrontación con el niño interior no debe entenderse cómo un pase libre para querer satisfacer siempre y para siempre al propio niño interior. Este concepto tampoco es adecuado como justificación para esperar algo del entorno social. Existe el peligro de querer exigir algo a la otra persona porque el niño interior así lo quiere.

Especialmente en una relación de pareja, surgen entonces más problemas de los que uno quería resolver en un principio.

Si cometes el error de poner primero a tu niño interior para querer conseguir algo, entonces te has saltado un poco la integración en tu conciencia actual de adulto reflexivo. Porque ¡el ego sale del niño interior más tarde!

Acepta afrontar las heridas del pasado con una sensibilidad sana y equilibrada. Tampoco se trata de una venganza o de recriminaciones tardías. Eso sería contraproducente y no te llevará ni un paso más allá. Desarrollarte más y hacer las paces, ser más feliz y estar más contento como resultado. Te lo deseo de todo corazón.